公路一线养护工人系列读本

Liqing Lumian Yanghu

沥青路面养护

云南云岭高速公路养护绿化工程有限公司　编著

人民交通出版社股份有限公司
China Communications Press Co.,Ltd.

图书在版编目（CIP）数据

沥青路面养护 / 云南云岭高速公路养护绿化工程有限公司编著. -- 北京 : 人民交通出版社股份有限公司，2014.9
（公路一线养护工人系列读本）
ISBN 978-7-114-11651-3

Ⅰ. ①沥… Ⅱ. ①云… Ⅲ. ①沥青路面－路面养生 Ⅳ. ①U418.6

中国版本图书馆 CIP 数据核字（2014）第 200166 号

公路一线养护工人系列读本
书　　名：沥青路面养护
著 作 者：云南云岭高速公路养护绿化工程有限公司
责任编辑：刘永芬
出版发行：人民交通出版社股份有限公司
地　　址：（100011）北京市朝阳区安定门外外馆斜街 3 号
网　　址：http://www.ccpress.com.cn
销售电话：(010)59757973
总 经 销：人民交通出版社股份有限公司发行部
经　　销：各地新华书店
印　　刷：北京盛通印刷股份有限公司
开　　本：787×1092 1/32
印　　张：2
字　　数：50 千
版　　次：2014 年 9 月　第 1 版
印　　次：2014 年 9 月　第 1 次
书　　号：ISBN 978-7-114-11651-3
定　　价：15.00 元
（有印刷、装订质量问题的图书由本公司负责调换）

风骨

——赞公路养护工人

交融交谦诚，
通达通厚德。
修路修人生，
养路养人品。

编　委　会

顾　　问：米增福

主　　编：李国锋

副 主 编：蒋鹤

编写人员：李文辉　严　恒

王启明　郁彩霞

李佳佳　徐正邦

李昌洲　单国娇

沈　盼

插　　图：徐国华

序 Preface

为认真贯彻落实交通运输部“以科学发展观为统领，继续树立并践行‘更好地为公众服务’的理念，转变公路养护管理方式，以‘提升管理水平、推进科学养护、强化应急保障、提供优质服务’为重点，通过全面加强公路养护管理，提高公路基础设施网络使用效率和服务水平，促进公路交通‘更安全、更畅通、更高效、更和谐、更经济、更便捷’，让公众走上‘畅、平、洁、绿、美、安’之路，享受出行服务带来的快乐”的养护工作指导思想，云南云岭高速公路养护绿化工程有限公司本着“以人为本、以车为本”的高速公路服务理念，结合云南山区高速公路养护特点和自身生产实际编写了《公路一线养护工人系列读本》，以生动、活泼的形式将高速公路的现场养护工作加以总结、提炼、规范并进行推广。希望本系列“形式上富有活力、内容上不失严谨”的漫画口袋丛书，既能作为高速公路一线养护工作者的业余读物，给紧张繁忙的工作带来一丝轻松愉悦，也能作为涵盖与集成各项养护施工技术的工作参考读物，为广大养护工人全面、系统地了解高速公路养护施工技术提供入门途径。如果通过本系列读本的出版，能让其他领域的朋友对高速公路养护工作产生兴趣与关注，则更是编者的莫大荣幸、意外之喜。

由于成书时间仓促，加之编者水平有限，如与国家、地方有关法规、规范及行业标准的规定有出入之处，请对照行业标准理解学习，不妥之处敬请谅解。

李国锋

2014 年 5 月

目录 Contents

第一章

沥青路面日常养护

日常养护可使高速公路沥青路面保持良好的使用性能，为车辆提供安全、快速、舒适的出行服务，满足高速公路建养并重、协调发展的客观要求。

日常巡查

巡查路面是否有堆积物、抛撒物、油污、积水，是否有明显的裂缝、坑槽、松散、麻面、泛油、车辙、波浪、拥包等病害。能当场清除的立即清除，未能清除的要采取安全措施，并及时报告。

日常巡查

每日双向全程巡查一次，以车行为主，辅以人工观测、手工计量、摄影摄像等。步行巡查时要逆车流行走，时时注意来车。巡查结束后，及时整理好巡查记录。

夜间巡查

- 巡查灯光类、闪光类交通安全设施是否完好，检查反光标识标线的反光效果。

  每月至少双向全程巡查一次，以车行为主，辅以人工观测、摄影摄像等。

特殊巡查

处于危及沥青路面正常状态、妨碍高速公路正常交通的灾害性气候时要进行特殊巡查，包括防汛、防雾、防雪巡查。

特殊巡查

特殊巡查以车行为主，车速要适当，车上配备可靠的通信设备、摄影摄像设备、照明设备等，发现紧急情况，立即上报。

路面清扫——日常清扫

日常清扫以机械作业为主，人工清扫为辅。一般每日一次全程清扫。清扫时间注意避开车流高峰时段。如出现扬尘，要适量洒水。清扫后的垃圾要统一转移，妥善处理。

●路面清扫——日常清扫

● 意外事件、交通事故对路面造成污染时，要及时清扫。

沥青路面被油类物质或化学物品污染时，要先撒沙、撒木屑或用化学中和剂处理，再进行清扫，最后用水冲洗干净。

路面清扫——机械清扫

清扫车上路前检查各装置，确保正常工作。作业中车速控制在 5~15km/h，确保路段一次清扫干净，避免重复作业。清扫后垃圾倒卸于指定地点，清扫车垃圾箱冲洗干净。

清扫车作业时：速度就慢不就快，眼睛盯地不张望，警示标志警示音，确保安全又干净。

●路面清扫——人工清扫

● 采用人工清扫路面比较机动灵活，一般每 2~3km 配备一名工人。

人工清扫时：身着标志服，头戴标志帽，摆放标志桶，逆行车方向，时时要观望，遇紧急情况，要立即避让。雾雨天色暗，切勿胆儿壮。

排水系统检查

经常对中央分隔带集水井、横向排水管、拦水路缘石、泄水槽、边沟、排水沟、截水沟等排水系统进行清理疏通，损坏部位要及时修复。

排水系统检查

除经常检查外，暴雨后应进行重点检查，如有冲刷、损坏，必须及时修理加固，如有堵塞，应立即清除，最适宜的检查时间一般为雨间或雨后1~2h。

雨季来临前，要对整个排水系统进行全面检查和疏通。

第二章

沥青路面常见病害及处治

沥青路面常见病害有裂缝、龟裂、坑槽、松散、麻面、车辙等，应针对不同的路面病害类型，分析病害成因，制订出有针对性的处治对策。

纵、横裂缝

- 路基填土压实度不足，半填半挖处路基不均匀沉降，路面纵向施工搭接质量差，旧路面裂缝反射至面层等均可导致纵向裂缝。
- 横向施工缝连接不紧密，路基不均匀沉降，基层或旧路面裂缝反射至面层等均可导致横向裂缝。

裂缝处治——开槽灌缝

开槽：开槽机对准裂缝中线，开槽宽度不小于 1.2cm、深度 1.2~1.5cm。

裂缝处治——开槽灌缝

- 清槽：用钢丝刷、大功率鼓风机或热空气枪、专用钩子等清槽，保证槽内及槽周干燥、清洁。

裂缝处治——开槽灌缝

- 灌缝：预热灌缝胶和缝槽两侧，提高黏结力。用灌缝机灌缝，灌嘴插入缝底，分次灌入，均匀连续，直至灌满。

裂缝处治——贴缝

清缝：用钢丝刷、大功率鼓风机或热空气枪等清缝，保证缝内及缝周干燥、清洁。

裂缝处治 —— 贴缝

- 贴缝：平贴贴缝带，含聚丙烯织物的一面朝上，覆盖整条裂缝，要平顺无褶皱。贴缝带接合处要形成8~10cm重叠搭接。

●裂缝处治——贴缝

● 碾压：用铁滚用力碾压贴缝带，确保贴缝带与沥青路面融为一体。施工完成后开放交通。

龟裂

路面表面产生形似龟背花纹的裂缝称为龟裂，为一系列互相交叉连接的裂缝。由于路面结构强度不足，在行车荷载重复作用下路面产生疲劳开裂，使路面形成若干块较小的裂块，多发生于轮迹带。

龟裂处治 根据引起病害的原因及病害程度，可采取不同的处治方法。

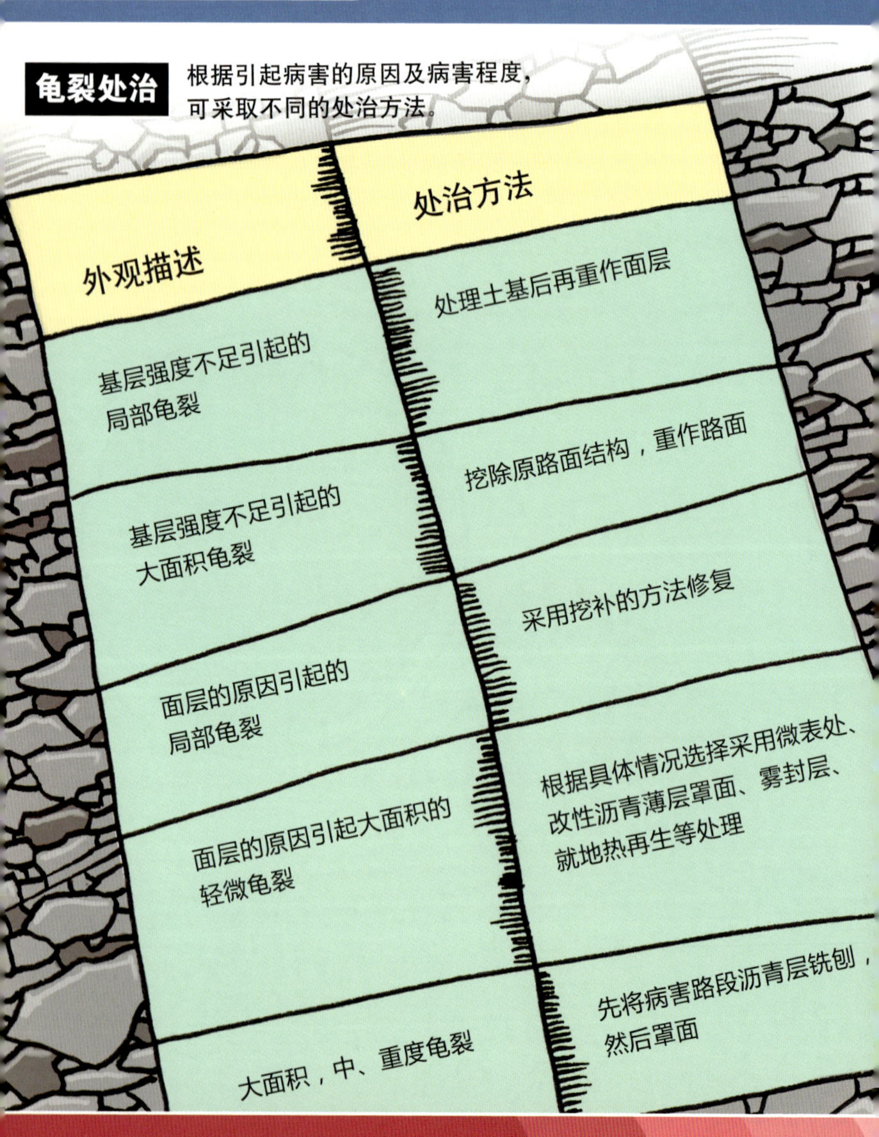

外观描述	处治方法
基层强度不足引起的局部龟裂	处理土基后再重作面层
基层强度不足引起的大面积龟裂	挖除原路面结构，重作路面
面层的原因引起的局部龟裂	采用挖补的方法修复
面层的原因引起大面积的轻微龟裂	根据具体情况选择采用微表处、改性沥青薄层罩面、雾封层、就地热再生等处理
大面积，中、重度龟裂	先将病害路段沥青层铣刨，然后罩面

坑槽

坑槽为路面上不规则形状的坑洞，通常为碗形，可深及不同的路面结构层。面层出现的松散、龟裂等病害未及时养护，在行车荷载和雨水的作用下，部分沥青混合料剥离路面逐渐形成坑槽。另外，基层强度不足也容易导致坑槽。

坑槽处治——挖填式维修

下图为“挖填式维修技术”施工工艺流程的剖面图，注意图上显示了路面的上中下三层。流程大体分为 4 个步骤。

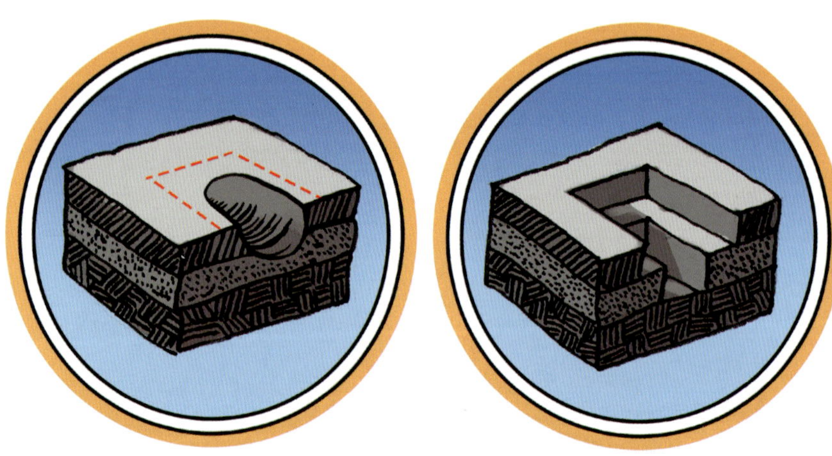

a. 画定维修面　　**b. 分层开挖、留台**

a：遵循“圆洞方补、斜洞正补、宁大勿小”原则，画定坑槽矩形维修面。

b：按画定的轮廓线先切割，再开挖，切割要“先长后短、不过不欠”，开挖要“宁深勿浅、逐层开挖、彻底挖除”。开挖深度大于 8cm 时，按台阶式分层开挖，留台宽度为 10~15cm。坑壁整齐、牢固、垂直，除去松动的颗粒及灰尘等，如坑槽潮湿，须先用喷灯烤干，再洒黏层油。

c. 填料及碾压

d. 封缝

c：将沥青混合料填入坑槽并碾压。分层开挖时，要分层填筑、分层碾压。填料时要“先四边、后中间”，防止四壁拐角留下空洞。根据坑槽大小选用合适的碾压设备，如振动平板夯、振动钢轮压路机等。

d：填补碾压完成后，用沥青类黏结剂均匀涂抹接缝，防水、防松散。坑槽面温度低于 50℃时可开放交通。

●坑槽处治 —— 热烘式维修

● 热烘式维修技术适用于较浅的坑槽，流程大体分为 4 个步骤：a. 清理坑槽；b. 热烘路面；c. 耙松旧料，填充新料；d. 碾压密实。

a：清扫坑槽内杂物，清除松散粒料、灰尘、积水等，以提高红外线的吸收效果。

b：热烘面积要在坑槽实际边缘向四周扩大 30cm 以上。根据这一原则确定热烘范围，将沥青混凝土路面热养护修补车上的加热板放下，高于路表面 3~4cm，将路面温度加热到 140℃以上，达到表面能用铁耙耙松即可，切忌长时间加热，以免导致沥青燃烧或老化。

●坑槽处治 —— 热烘式维修

c：移开加热板，用铁耙将加热软化的沥青混凝土表面耙松、耙匀。注意耙松范围一般内缩 5~10cm，耙松面要耙成矩形，同时剔除大粒径集料和烧焦老化的混合料。喷洒沥青再生剂，添加新混合料，注意均匀性、松铺系数 和路面坡度等，再将加热板置于修补区，加热软化新料。

●坑槽处治——热烘式维修

d：用振动压路机进行碾压，“先边缘、后中间”，使修补面与周围路面融为一体。注意碾压后压实度要求大于95%。最后撒布石粉，以减小路面色差，加速修补面冷却。

松散与麻面

由于路面沥青黏性降低或消失，在行车荷载作用下集料松动、散开时出现路面松散与麻面现象，严重时会导致坑槽。沥青路面在施工过程中沥青混合料的压实不足，以及路面投入使用后沥青老化等原因均会导致松散与麻面的出现。

松散与麻面处治

根据松散麻面的病害程度，可采取不同的处治方法。

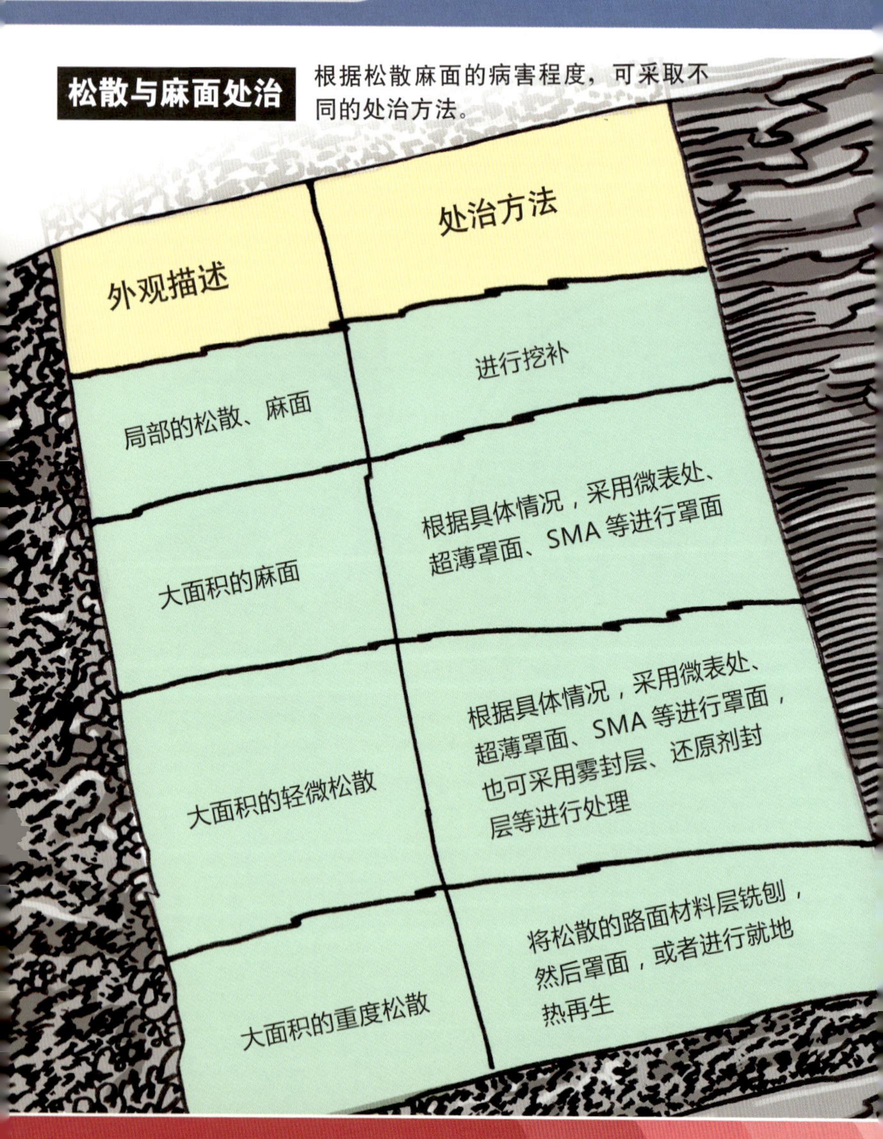

外观描述	处治方法
局部的松散、麻面	进行挖补
大面积的麻面	根据具体情况，采用微表处、超薄罩面、SMA 等进行罩面
大面积的轻微松散	根据具体情况，采用微表处、超薄罩面、SMA 等进行罩面，也可采用雾封层、还原剂封层等进行处理
大面积的重度松散	将松散的路面材料层铣刨，然后罩面，或者进行就地热再生

泛油

路表面出现沥青膜，使路面发亮，高温时使路表发黏，产生轮印。泛油较多时，会降低路表抗滑性能，影响行车舒适性和安全性。混合料中沥青的含量过高或空隙率偏小均会产生泛油。

泛油处治

对于轻微泛油、表面石子仍然外露的路段，可不做处理。路面泛油且出现坑槽，宜按坑槽修补的方法处治。

由于表面层的原因导致的严重泛油，可将沥青路面表面层1~2cm 的富油层铣刨清除，铺筑 1~2cm 的微表处或其他薄层罩面。

车辙

沥青路面车辙病害的主要特征：轮迹带纵向表面变形凹陷，常常伴有轮迹带两侧的隆起。较深的车辙内雨后会积水。路面整体性不好、路基承载力不足、混合料高温稳定性差以及货车严重超载等都可能导致沥青路面车辙。

车辙处治 根据车辙病害程度，可采取不同的处治方法。

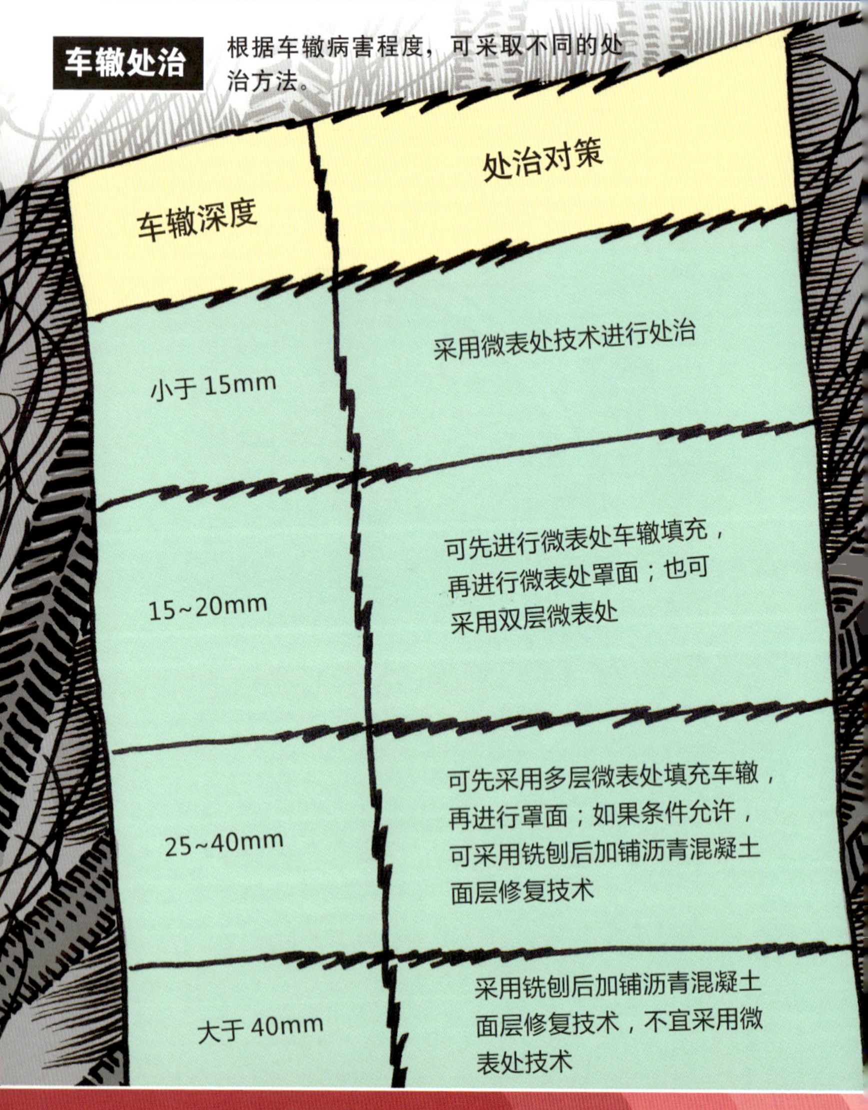

车辙深度	处治对策
小于 15mm	采用微表处技术进行处治
15~20mm	可先进行微表处车辙填充，再进行微表处罩面；也可采用双层微表处
25~40mm	可先采用多层微表处填充车辙，再进行罩面；如果条件允许，可采用铣刨后加铺沥青混凝土面层修复技术
大于 40mm	采用铣刨后加铺沥青混凝土面层修复技术，不宜采用微表处技术

波浪拥包

路面的波浪拥包为一系列间距较小的表面横向隆起，一般会形成间距较规则的、交替的“波峰”和“波谷”。波浪拥包是由于路面抗剪强度不足，在行车水平力的作用下使路面产生推拥、挤压而形成的一种局部隆起变形。

波浪拥包处治

对于波浪拥包比较轻微而且已经稳定的，“铲高补凹、保持平整”即可。

对于波浪拥包比较严重的路段，可用铣刨设备或人工刨削峰顶，挖除“波峰”，再用拌和法或层铺法填料补平凹处。

第三章

沥青路面预防性养护

在路面未发生病害或有发生轻微病害的迹象时，采取合适的方法，对其进行养护，防止病害继续发展，恢复路面使用性能，这就是预防性养护。常用预防性养护技术有微表处封层、超薄磨耗层、雾封层以及纤维封层等。

微表处封层

微表处封层由乳化沥青稀浆封层发展而来，是由慢裂快凝的高分子聚合物改性乳化沥青、100% 破碎的集料、矿粉、水和添加剂组成的稀浆混合物。微表处封层一般厚度为10~15mm，抗滑阻力和抗耐久性较之普通稀浆封层更好，并具有某些修复性功能。微表处需专业的机械设备施工。

微表处封层

微表处封层适用于轻度纵横裂缝、磨耗及松散的路面、轻度或中度泛油的路面、轻度不平整的路面、抗滑性较差的路面、渗水的路面、轻度疲劳裂缝的路面和车辙深度小于 20mm 的路面。但是不宜用于疲劳裂缝严重、路面损坏严重、温度裂缝严重的路面。

微表处施工后，经过养生，可在 1 ~ 2h 内开放交通，最大限度地减少施工对交通的影响。

超薄磨耗层

超薄磨耗层采用专用施工设备，通过撒布高黏度改性乳化沥青和摊铺沥青混合料一次成型，具有优异的抗高温变形性能、抗水损害性能、抗裂性能、耐久性能，能保护原来路面结构，延缓路面损坏，修正路面的大部分缺陷，提升路面平整度和行驶舒适度，改善路面抗滑性能，为患有轻微大面积病害的沥青路面穿上一身崭新的“衣服”，大大延长了沥青路面寿命。

超薄磨耗层

超薄磨耗层一般厚度为15~25mm，寿命可达8~10年。超薄磨耗层采用独特的配合比设计、施工设备和工艺、特制的高性能、强黏结力改性乳化沥青(改性沥青的含量在63%以上)。具有结构简单，易于施工，施工周期短，效率高，一次成型，避免工序之间的等待,减小层间污染对施工质量的影响等优点。

●超薄磨耗层

超薄磨耗层作业现场

超薄磨耗层

喷洒的乳化沥青在紧随其后摊铺的热拌改性沥青混合料与压实功的作用下，向集料表面迁移，加强了裹覆性；结构厚度薄，减少了对原材料的消耗，环保性高；抗滑性、平整度高，可在一定程度上降低行车噪声；聚合物改性沥青的使用，增强了混合料的强度，提高了路面耐久性。

雾封层

雾封层是直接将乳化沥青喷洒在路面的一种预防性养护措施。一般喷洒量为 0.23~0.45L/m²，主要防止沥青路面因老化引起的路麻面与松散、水损害等。

雾封层

雾封层适用于中等程度纵横向裂缝的路面、松散的路面、沥青老化严重的路面，使用寿命 1~2 年。

由于雾封层通常在一定程度上会降低原路面的抗滑性能，故雾封层不可用于严重疲劳开裂的路面、泛油路面、抗滑性能较差的路面。

喷洒雾封层后不能立刻开放交通，需要封闭交通 2h。

雾封层

- 雾封层施工气候要求：

①气温低于 10℃或路表温度低于 15℃，且持续下降时不得施工；气温达到 10℃或路表温度达到 15℃，且持续上升时可以施工。

②路面持续干燥 24h 以上方可施工，雨后路面积水未干或未清除之前，不可施工。

雾封层

- 雾封层施工技术要求：

①喷洒量设计充分考虑材料的使用要求、原路面状况、交通量、气候条件等因素，通过路况调查、试验，科学合理地确定喷洒量。

②专用洒布车喷流角度为 0°～ 95°，喷雾分布均匀，喷雾宽度 *W* 应相互重叠，确保不出现“花白条”。

③施工时应采用拖板将标线覆盖，拖板和车辆同步前进，以防污染。

④在空隙率较大的部位，可先进行人工初洒，养护期满后，再采用洒布车统一洒布完成。

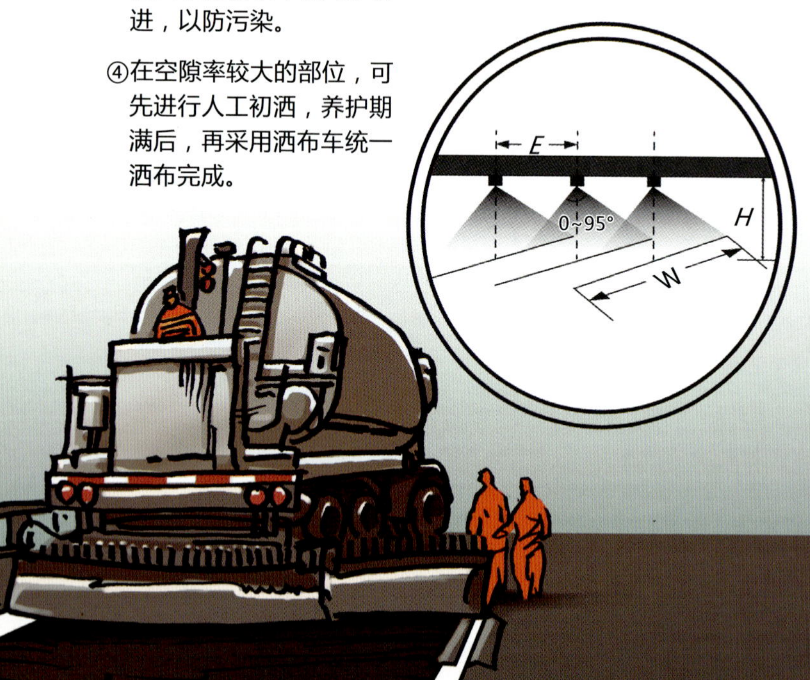

纤维封层

纤维封层是一种新型路面封层技术，采用人工或纤维封层专用设备的方式，同时撒布沥青结合料与玻璃纤维，再撒布碎石，经碾压后在路表形成新的磨耗层或应力吸收层的一种沥青路面预防性养护技术。

●纤维封层

● 纤维封层的大面积扩散可减少表层所承受的张力并抑制裂缝的产生。能有效地吸收和扩散旧沥青路面原有裂缝或路基的反射应力，消除旧沥青路面裂缝尖端产生的应力集中，从而抑制反射裂缝出现，阻止因车载负荷过重造成的路面破坏，极大地提高路面的使用寿命。

纤维封层技术具有良好的应力吸收和扩散能力 ，具有高耐磨性、高防水性、高稳定性、施工快捷等特点。

第四章

路面养护安全作业

高速公路上的来往车辆络绎不绝，速度非常快。一方面需要保证养护作业安全顺利；另一方面，又要极力避免中断交通带来的经济损失，最大限度地保障车辆顺利通行。因此，需要在维修路段上设置养护维修作业控制区，保证养护作业人员安全，保障过往车辆安全通行。

养护维修作业控制区

- 养护维修主要是指路面常见病害的处治工作，主要在作业控制区内完成作业。作业控制区由警告区、上游过渡区、缓冲区、工作区、下游过渡区及终止区组成。

S —— 警告区

L_S —— 上游过渡区

H —— 缓冲区

G —— 工作区

L_X —— 下游过渡区

Z —— 终止区

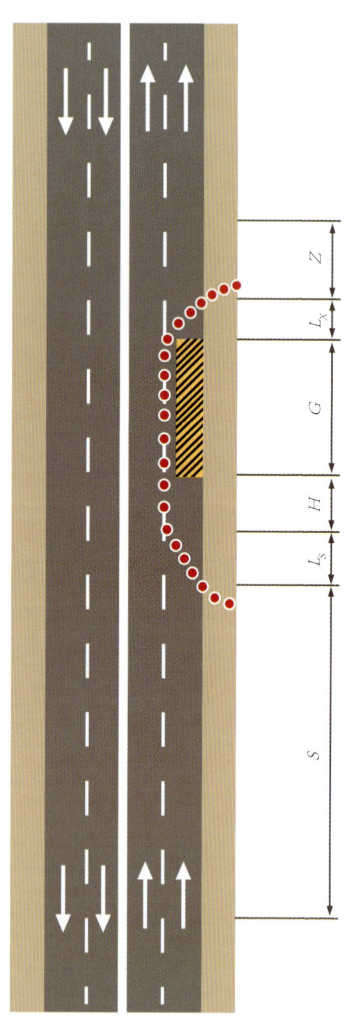

●养护维修作业控制区常用防护设施

锥形桶

水马

防撞墙

防护沙袋

- 养护维修作业控制区示意图

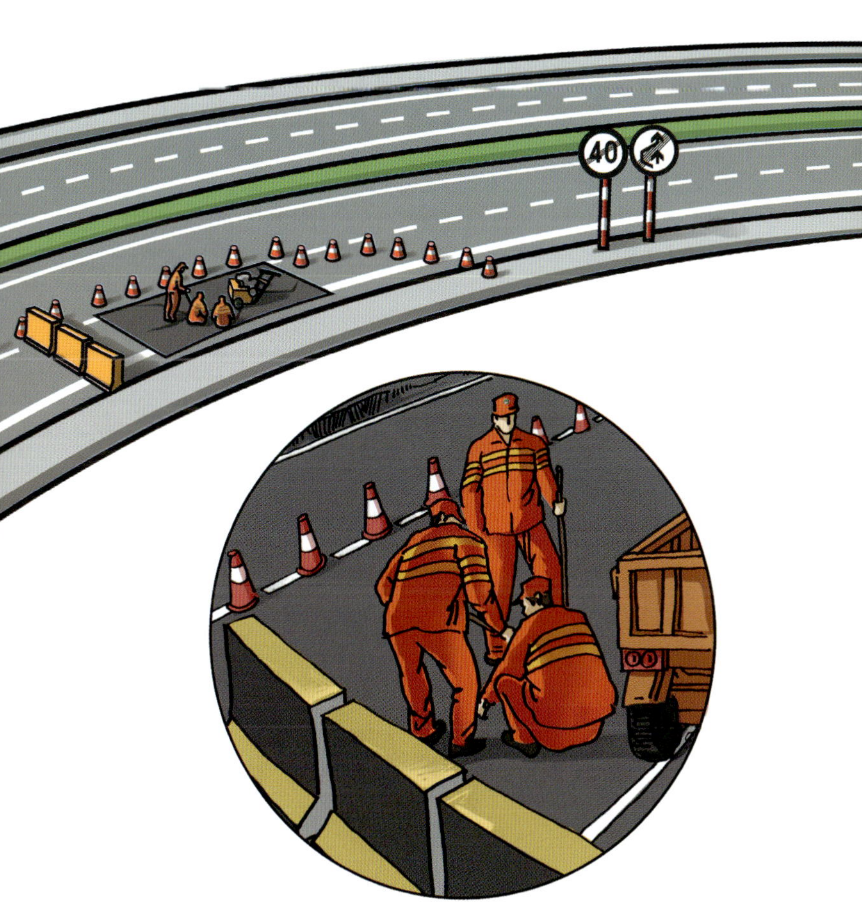
40

●养护维修作业控制区标志牌

前方施工

（上游 1600m）

车辆限速

（上游 1200m）

车道变窄

（上游 800m）

车道变窄

（上游 800m）

禁止超车

（上游 400m）

线形诱导

（上游 200m）

线形诱导

（上游 200m）

解除限速

（下游 50m）

解除禁止超车

（下游 50m）